LA

GENÈSE DE L'ANTISÉMITISME

SOUS LA TROISIÈME RÉPUBLIQUE

Conférence faite à la Société des Études juives

LE 14 AVRIL 1907

PAR

M. I. LEVAILLANT

PARIS
LIBRAIRIE DURLACHER
83 *bis*, Rue Lafayette, 83 *bis*

1907

LA

GENÈSE DE L'ANTISÉMITISME

SOUS LA TROISIÈME RÉPUBLIQUE

Conférence faite à la Société des Études juives

LE 14 AVRIL 1907

PAR

M. I. LEVAILLANT

PARIS
LIBRAIRIE DURLACHER
83 *bis*, Rue Lafayette, 83 *bis*

1907

LA GENÈSE DE L'ANTISÉMITISME

Sous la troisième République

Conférence faite à la Société des Etudes juives

par M. I. LEVAILLANT.

Mesdames et Messieurs,

Si l'on admet que, dans l'histoire des sociétés humaines, tous les faits doivent logiquement s'enchaîner et qu'il n'y a pas plus de génération spontanée pour les phénomènes sociaux que pour les êtres vivants, l'historien ou le philosophe de l'avenir qui voudra remonter à la cause première de l'affaire Dreyfus ne laissera pas que d'être quelque peu embarrassé. Il n'éprouvera assurément aucune peine à reconnaître que seul le fanatisme est capable d'obscurcir les consciences au point de les rendre inaccessibles au sentiment de la justice, et il en conclura naturellement que l'affaire Dreyfus est née de l'antisémitisme, qu'elle en a été la manifestation la plus aiguë et la conséquence la plus douloureuse. Mais si, désireux d'aller plus au fond des choses, il s'efforce, suivant les règles d'une saine critique historique, d'expliquer le mouvement antisémite lui-même par les circonstances qui l'ont précédé, par le milieu où il s'est propagé, par le temps qui l'a vu naître, il aura la surprise de constater que ce mouvement s'est précisément produit dans le pays qui semblait offrir le terrain le moins favorable à son développement et à une époque où les haines confessionnelles y paraissaient depuis longtemps et à jamais éteintes.

C'est un singulier paradoxe, en effet, que, pendant un grand nombre d'années, une guerre acharnée ait pu être faite aux juifs dans un des pays du monde qui comptent relativement le moins de juifs. On comprend à la rigueur l'animosité dont on les poursuit chez les nations où ils forment des agglomérations nombreuses et compactes, où, de gré ou de force, ils vivent séparés des autres habitants, en Roumanie, par exemple, où ils sont 300.000, en Autriche-Hongrie où ils sont 1.700.000, en Russie où ils sont 5 millions. Mais en France, depuis l'annexion de l'Alsace-Lorraine à l'Allemagne, ils sont à peine au nombre de 80.000. Disséminés dans tout le territoire, ne formant nulle part de groupement distinct, ils sont comme une poussière sans consistance ; même réunis et parqués dans une région déterminée comme le sont les juifs de Russie, ils représenteraient tout juste l'équivalent d'un petit arrondissement de province. Et c'est pour avoir raison d'une minorité aussi infime qu'on a organisé une propagande effrénée, qu'on a fondé des comités, créé des journaux, qu'on a prêché la lutte sainte et qu'on s'est équipé et armé comme pour une véritable croisade. Il y avait une telle disproportion entre l'effort dépensé et le but poursuivi que l'entreprise cessait presque d'être lâche à force de paraître ridicule.

Pour donner à cette campagne une apparence de légitimité, on a naturellement grossi l'importance du chétif adversaire qu'il s'agissait de réduire. On a non seulement prêté aux israélites de France une puissance d'autant plus redoutable qu'on la disait plus mystérieuse ; mais on leur a attribué surtout des richesses fabuleuses. On a affirmé, non seulement dans les journaux, mais à la tribune de la Chambre des députés, qu'ils détenaient quatre vingts milliards. Quatre-vingts milliards! Vous figurez-vous ce que représente une pareille somme ? Mais quatre-vingts milliards pour 80.000 juifs, ce n'est rien moins qu'un million en moyenne, non pas par famille, mais par tête! On peut supposer que si ces pauvres inventions ont pu se répandre en France, — et elles y ont en effet trouvé créance chez un grand nombre d'esprits, — c'est qu'elles y ont rencontré un terrain tout préparé à les recevoir, qu'elles y sont tombées sur une population aveuglée par des haines ataviques et des préjugés séculaires. Il n'en est rien pourtant. Je ne veux pas exagérer l'influence que les idées de la Révolution ont exercée sur les masses profondes de notre pays et, encore que notre population soit en général d'intelligence ouverte et de mœurs douces, je ne prétendrai pas qu'elle soit incapable en toutes circonstances de sentiments préconçus et même de fanatisme. Ce qui est vrai, c'est que si elle a été imprégnée, dans des temps fort reculés, de la haine du juif, elle s'en était depuis longtemps déshabituée. Il ne faut pas oublier que les israélites, qui, au moyen-âge, avaient été nombreux en France, dix fois plus nombreux peut-être qu'aujourd'hui, en furent expulsés par Charles VI, le 17 septembre 1394. Cet exil se prolongea pendant une longue série de siècles. A la veille de la Révolution, il n'y avait guère dans le royaume que les juifs d'Alsace, que Louis XIV y avait trouvés au moment de la conquête, les juifs portugais, qui avaient été autorisés à s'établir à Bordeaux après qu'ils eurent été bannis d'Espagne, et les juifs du Comtat Venaissin, que la bienveillance des papes avait laissés subsister. A Paris même, les juifs étaient 500 tout au plus, venus du Midi ou d'Alsace, dissimulés dans les faubourgs et que le gouvernement feignait d'ignorer plutôt qu'il ne les tolérait. Lors donc que la Révolution émancipa les juifs, il y avait longtemps que la majorité de la nation ne les connaissait plus. L'image sous laquelle on lui avait appris à se les représenter ne les flattait peut-être pas. Mais les préventions qu'elle nourrissait contre eux, précisément parce qu'elles étaient suggérées, avaient nécessairement quelque chose de superficiel, de factice, et ne sauraient se comparer à ces animosités profondes et implacables qui naissent, entre hommes que la religion divise, d'un contact prolongé et de conflits sans cesse renouvelés.

Encore aujourd'hui, dans plusieurs de nos provinces, on ne sait pas, en dehors des villes, ce que c'est que le juif et on ne le connaît guère que par les images d'Epinal. D'ailleurs, les pays qui sont réellement imbus de la haine du juif, qui l'ont en quelque sorte dans les moëlles et qu'on peut considérer pour cette raison comme les terres d'élection de l'antisémitisme, se distinguent par un signe certain : ce sont ceux que hante la légende du meurtre rituel. Cette accusation sanguinaire, la plus inepte que l'histoire ait enregistrée, mais aussi la plus tenace, la plus rebelle à la raison, qui a résisté aux réfutations des savants, aux protestations des chrétiens éclairés et même au désaveu des papes, qu'on avait dirigée d'abord contre les premiers chrétiens et qu'on a détournée ensuite sur les juifs, qui depuis des siècles a fait parmi ces derniers d'innombrables victimes, qui encore sévit avec une extraordinaire intensité dans les pays d'Orient, en Asie Mineure, en Russie, en Autriche et même en Allemagne, qui naguère a fait naître les drames de Tizza-Ezlar et de Konitz et qui tout dernièrement a été la cause occasionnelle des massacres de Kichinef, cette accusation, dis-je est totalement ignorée en France, si l'on ne tient pas compte de quelques érudits, qui la connaissent comme ils peuvent connaître les superstitions des Arabes ou des Chinois. On a écrit en Allemagne toute une bibliothèque sur le meurtre rituel; c'est à peine si chez nous il a donné lieu à quelques rares opuscules, tant il y tient peu de place dans les préoccupations publiques. Et si d'aventure, dans un de nos villages, se rencontrait le concours fortuit de circonstances qui provoque d'ordinaire l'entrée en scène de la légende infâme, si, par exemple, à la veille des fêtes de Pâque, le cadavre d'un enfant ou d'une jeune fille était découvert en un lieu où l'on se souviendrait d'avoir vu passer quelque colporteur juif, il ne viendrait pas à l'idée même du paysan le plus arriéré de prétendre qu'un assassinat a été commis pour permettre aux israélites de mêler du sang chrétien à leurs pains azymes. Cette constatation n'est-elle pas frappante ? Et peut-on mieux montrer que la persécution contre Israël avait perdu dans notre pays ses véritables traditions et que, si l'antisémitisme s'y est manifesté en une poussée plus ou moins vigoureuse, il n'avait pu sortir spontanément d'un sol d'où il était depuis longtemps extirpé ?

Le caractère paradoxal de l'antisémitisme français apparaît d'autant plus nettement que le paradoxe se double ici d'un anachronisme. Que dans les pays où les juifs sont en dehors du droit commun, ils soient en butte à l'aversion et aux suspicions d'une foule ignorante, cela peut s'expliquer ; car la législation restrictive qui les opprime et que l'esprit d'intolérance a inspirée, devient à son tour génératrice d'intolérance et entretient les mœurs barbares dont elle est le reflet. Mettre des créatures humaines hors la loi, n'est-ce pas, en effet, les dénoncer comme des êtres inférieurs, qu'on peut légitimement molester, et les exposer à être traitées en parias ? Mais fort heureusement, les idées de tolérance et de justice ont, elles aussi, une puissante vertu éducatrice et, lorsqu'une nation a réalisé dans ses lois l'égalité entre les confessions religieuses, elle en ressent de tels bienfaits qu'elle s'attache à sa législation nouvelle sans esprit de retour ; depuis la Révocation de l'Edit de Nantes, il est peut-être sans exemple, dans l'histoire de la civilisation moderne, que les conquêtes de la liberté de conscience n'aient pas été définitives.

Or, il y a plus d'un siècle que la France, devançant toutes les nations du monde, a reconnu aux juifs français le titre de citoyens. Et depuis cette séance mémorable du 27 décembre 1791, où l'Assemblée Constituante proclama leur émancipation, leurs droits n'ont jamais été, sauf un instant sous Napoléon Ier, sérieusement contestés. La Restauration elle-même n'essaya pas de détruire sur ce point ou seulement d'amoindrir l'œuvre de la Révolution française. Sous le gouvernement de Louis-Philippe, il est vrai, quelques publications hostiles aux israélites virent le jour. Pendant ce règne, les israélites français, relevés depuis un demi-siècle seulement de leur longue déchéance, commençaient déjà à conquérir leur place au soleil. Un certain nombre d'entre eux se distinguèrent dans les lettres et dans les arts ; ils comptèrent dans leur sein des écrivains en vue, des avocats en renom, des musiciens illustres. Il y en eut qui se mêlèrent activement à la bataille des idées et des systèmes ; on connaît notamment la part importante que certains juifs originaires du Midi, comme Pereire et Olinde Rodrigues, prirent au mouvement saint-simonien. La monarchie de juillet vit également grandir la puissance d'une maison de banque juive qui joua un rôle considérable dans l'émission des emprunts d'Etat et devint pour ainsi dire un des facteurs du crédit public.

On conçoit que cette ascension rapide d'une race affranchie de la veille ne laissât pas que d'éveiller les jalousies et les colères. Dès cette époque, l'influence des financiers israélites provoqua un mouvement de protestation et de résistance, qui donna naissance aux livres de l'historien Capefigue et surtout au célèbre ouvrage de Toussenel, — plus célèbre peut-être que lu —, les *Juifs Rois de l'Epoque*. Bien que cette campagne fût conduite avec une certaine vigueur et avec un incontestable talent, elle resta entièrement confinée dans les cercles littéraires ; elle n'exerça pas d'action sérieuse sur l'opinion et n'en exerça aucune sur les pouvoirs publics. Ce fut sous le gouvernement de Louis-Philippe que les dépenses du culte israélite furent inscrites pour la première fois au budget de l'Etat et ce fut sous le même règne, en 1839, que disparut, avec le serment *more judaïco,* le dernier vestige des différences légales qui séparaient juifs et chrétiens.

Avec la Révolution de 1848 se produisit un fait nouveau, qui montra d'une façon particulièrement caractéristique que toutes les barrières élevées devant le juif par les lois et les mœurs étaient définitivement renversées. Deux israélites successivement furent appelés au pouvoir. Crémieux fut membre du gouvernement provisoire et se signala en cette qualité par deux grandes mesures d'humanité et de justice : la suppression de la peine de mort en matière politique et l'abolition de l'esclavage dans les colonies françaises. Et je me souviens d'avoir assisté dans ma jeunesse à une assemblée générale de l'*Alliance israélite universelle*, assemblée présidée par Crémieux et devant laquelle le célèbre avocat déclara, non sans émotion, qu'il avait éprouvé un certain orgueil à contribuer, lui juif, à l'affranchissement d'une race. Un autre israélite, Michel Goudchaux, devint ministre des finances dans le cabinet formé par le général Cavaignac et laissa derrière lui le souvenir d'une rare capacité unie à l'intégrité la plus haute et au plus noble désintéressement. Du reste, tant que dura la République de 1848, le juif eut rarement à souffrir des passions qui s'entrechoquaient pendant cette période tourmentée ; alors que tout se discutait, ses droits restèrent hors de conteste. Il y a eu un moment, dans quelques villages d'un coin de l'Alsace, des désordres dirigés contre les israélites ; mais d'un caractère purement local, ils furent vite réprimés et n'eurent aucune répercussion au dehors. Et lorsque, en 1851, la réaction étant triomphante, un ministre clérical voulut imposer un changement de poste à un professeur de philosophie d'un lycée de Bretagne, qu'un évêque fanatique avait dénoncé comme juif, l'émotion considérable que souleva ce mince incident vint montrer combien fortement les idées de tolérance s'étaient enracinées dans les esprits.

La situation des juifs français s'affermit encore durant les dix-huit années du règne de Napoléon III. S'il m'était permis ici de faire allusion aux luttes politiques où j'ai eu jadis un modeste rôle, je serais en droit de dire que je ne suis pas suspect de partialité pour le régime issu du coup d'Etat du 2 décembre; mais je dois à la vérité de reconnaître qu'on chercherait vainement dans l'histoire du second Empire la moindre trace d'antisémitisme. Je dois même ajouter que le second Empire s'honora plusieurs fois en se faisant en Europe le champion de la liberté de conscience et le protecteur des juifs persécutés. Napoléon III intervint personnellement en faveur des juifs roumains, qui avaient été à cette époque, comme tout récemment encore, victimes d'émeutes populaires. Et ce fut à la suite de négociations engagées par la diplomatie impériale et qu'un vote unanime du Sénat avait encouragées que la Confédération helvétique fut amenée, en 1864, à concéder aux israélites des droits qu'elle leur avait jusqu'alors refusés. Le gouvernement de la troisième République aurait-il osé, dans ces dernières années, braver les colères que de semblables démarches de sa part auraient déchaînées dans le camp antisémite ? Oserait-il même les braver à l'heure actuelle? A cette question j'hésite à répondre, ne pouvant oublier l'accueil plein d'indifférence, sinon de dédain, que rencontrèrent auprès du gouvernement de la République les généreuses et courageuses initiatives prises par l'illustre président Roosevelt en faveur des juifs de Roumanie et plus tard en faveur de nos malheureux coreligionnaires de l'empire russe. Quoi qu'il en soit, les démarches que je viens de rappeler ne soulevèrent pas sous l'Empire ombre de critique. Tant il est vrai que le principe de la liberté de conscience avait cessé d'être le principe exclusif d'un parti politique et était devenu comme une portion du patrimoine moral du pays tout entier.

Aussi bien, la guerre de 1870, qui exalta si violemment le sentiment patriotique et l'égara même parfois au point d'éveiller les défiances les plus injustes contre tout élément en apparence étranger, ne donna-t-elle jamais lieu, contre le patriotisme des juifs français, à la manifestation de ces soupçons injurieux qu'on leur a plus tard prodigués si volontiers. L'Alsace, qui a été le premier théâtre de la guerre et qui devait en être l'enjeu, était, après Paris, la province de France qui comptait le plus d'israélites. Israélites et chrétiens y furent parfaitement unis dans la lutte contre l'envahisseur. En Alsace, comme dans le reste du pays, les juifs firent leur devoir et rivalisèrent avec les chrétiens de patriotisme et de dévouement. Détail caractéristique à noter : après le traité d'annexion, ce fut parmi les juifs d'Alsace qu'il y eut relativement à eur nombre le plus d'émigrants.

On conçoit donc qu'à l'aurore de la troisième République aucun sentiment hostile aux juifs ne se soit fait jour au sein de la nation française. Les graves événements qui venaient de bouleverser le pays, la guerre, la chute de l'Empire, la Commune, avaient laissé derrière eux bien des ferments de discorde ; ils n'engendrèrent pas du moins de querelles religieuses. Même au sein de cette Assemblée nationale, qui a voué la France au Sacré-Cœur, qui avait rêvé de restaurer l'ancien régime et de rétablir le pouvoir temporel des papes, il ne s'éleva jamais une voix, fût-ce des bancs de la droite ultramontaine, pour menacer les juifs dans leurs droits ou seulement pour prononcer contre eux une parole désobligeante. De même, le gouvernement du 16 mai se garda de leur témoigner une antipathie particulière. Il les trouva pourtant presque tous sans exception dans les rangs de ses adversaires ; mais ce n'est que plus tard qu'on songera à leur faire expier leur attachement à la République.

Au lendemain de la période du 16 mai, le parti républicain, définitivement installé au pouvoir,, ne pouvait évidemment que montrer des dispositions bienveillantes à l'égard des juifs, qui avaient été ses fidèles partisans, dont un grand nombre avaient combattu dans ses rangs et contribué à sa victoire. Dès la première heure, les juifs avaient salué avec enthousiasme l'avènement de la République : ils voyaient en elle le couronnement nécessaire de cette Révolution française qui les avait rétablis dans leurs droits d'hommes et leur avait rendu une patrie. Il est donc naturel que le parti républicain n'ait pas voulu les exclure de son triomphe et que les différents ministères qui se sont succédé aux affaires, après la chute de l'ordre moral, ne leur aient refusé ni sympathie, ni protection. Leur situation morale et matérielle continua donc à se développer à l'abri des lois égales pour tous ; quelques-uns d'entre eux furent investis d'importantes fonctions publiques ; il y eut même, comme en 1848, des juifs ministres, sans que personne s'avisât de s'en étonner et de s'en irriter. Et la même politique de tolérance et de libéralisme, l'influence de la France la faisait prévaloir dans les conseils de l'Europe ; c'est sur la proposition du ministre français, M. Waddington, appuyé par Disraéli, qu'en 1878 le Congrès de Berlin proclama l'émancipation des juifs des royaumes danubiens. Grâce à la France, la liberté de conscience, si longtemps contestée, devenait une des bases du droit international.

Et c'est quand l'œuvre de la Révolution venait de recevoir ainsi la plus éclatante des consécrations que nous allons la voir battre en brèche par l'antisémitisme. Chose inattendue ! la question juive se posa de nouveau devant le pays à un moment où non seulement on pouvait la croire depuis longtemps et irrévocablement tranchée, mais où elle semblait complètement oubliée.

Pour s'expliquer cette anomalie, il faut se souvenir que l'antisémitisme contemporain n'est pas un produit français ; il nous est venu d'Allemagne, de cette Allemagne où les luttes confessionnelles sont de tradition, où a toujours prédominé l'esprit de caste et qui, à la suite de ses dernières victoires, avait poussé jusqu'au paroxysme l'orgueil de race. A ce point de vue, il est peut-être exact de dire que l'antisémitisme fut une des conséquences et non des moins funestes de la guerre de 1870, qui a été d'ailleurs, d'une manière générale, l'origine première du déclin des idées libérales en Europe.

Moins heureux que leurs coreligionnaires de France, quoique infiniment plus nombreux, les juifs allemands n'ont été émancipés qu'en 1869. On devine que ce n'est pas sans se heurter à une violente résistance des préjugés et des intérêts coalisés qu'ils purent entrer en jouissance des droits qu'ils venaient de conquérir. Ce fut du camp des piétistes protestants que partit contre eux le signal des hostilités. Un des prédicateurs de la Cour de Prusse, le pasteur Stoecker, fulmina du haut de la chaire évangélique contre les dangers dont, selon lui, les juifs menaçaient la société chrétienne, et ses excitations, que d'augustes adhésions semblaient encourager, produisirent une impression profonde. On vit rapidement se lever les semences de haine que la parole du pasteur Stoecker avait jetées au vent, mais ce fut surtout dans l'Allemagne catholique qu'elles fructifièrent. On était alors au plus fort du *Kulturkampf*. Dans le conflit engagé entre le nouvel Empire et l'Eglise romaine et qui devait se terminer par la capitulation de l'Empire, M. de Bismark avait pour allié le parti national libéral, dont un des principaux chefs était un juif, le député Lasker, et était soutenu par des journaux libéraux, qui comptaient des juifs parmi leurs rédacteurs. Le parti catholique allemand eut l'habileté de mettre ces circonstances à profit pour opérer une diversion : à la lutte contre l'ultramontisme, il opposa la lutte contre le sémitisme. La manœuvre réussit à souhait et trouva naturellement des imitateurs.

Elle en rencontra même en France. Mais il serait insuffisant et peut-être puéril d'expliquer le succès de cette importation par la tendance qu'ont les Français à s'engouer des modes venues de l'étranger. Non ! Si le cri de haine qui a retenti en Allemagne contre les juifs ne s'est pas éteint de ce côté du Rhin dans l'indifférence et le silence, s'il s'y est répercuté au contraire en échos stridents et prolongés, c'est qu'il y est venu à point nommé pour servir de cri de ralliement à un parti politique en déroute. Ce parti est le parti clérical. Il avait besoin d'un dérivatif au courant d'impopularité qui l'avait submergé. L'antisémitisme est venu le lui fournir.

A deux reprises, au 24 mai 1873 et au 16 mai 1877, le parti clérical s'était engagé dans une lutte à outrance pour retenir le pouvoir et l'influence qui lui échappaient ; il en était sorti écrasé. Le parti vainqueur avait poursuivi sur lui ses avantages en dispersant les congrégations d'hommes non autorisées, mesure plus ou moins efficace, mais qui, sans précédent depuis la Révolution, parut d'une audace extraordinaire. Puis, la défaite politique s'était aggravée d'un désastre financier. La banque qu'on avait créée pour servir les intérêts catholiques s'était effondrée, entraînant dans sa ruine de nombreuses fortunes. On avait en effet eu la singulière idée de fonder, sous le nom d'*Union générale* et sous la direction d'un ancien député clérical, une institution financière qui affichait hautement le but de devenir l'instrument de la puissance catholique. Parce qu'il y avait des juifs banquiers, on s'était imaginé qu'il y avait une banque juive, c'est-à-dire un pouvoir d'argent mystérieux et anonyme qui poursuivait par des voies occultes des visées hostiles au catholicisme et qui, s'étant fait le commanditaire du parti républicain, avait seul pu, disait-on, lui procurer la victoire. A cette œuvre diabolique, on avait jugé nécessaire d'opposer une banque chrétienne. L'entreprise eut de brillants débuts et semblait avoir devant elle un magnifique avenir. Songez donc ! elle devait accaparer la clientèle catholique, qui était immense, et travailler avec tout l'or des congrégations. En peu de temps, les actions de l'*Union générale* montèrent à des cours fantastiques. Lorsqu'enfin le mirage se fut dissipé et que la catastrophe se fut produite, on s'en prit aux juifs, qui, par d'adroites manœuvres, se seraient débarrassés d'une redoutable concurrence et dont une magistrature complaisante aurait, par des arrestations injustifiées, secondé les coupables desseins. Les juifs n'y étaient pour rien ; les débats judiciaires qui eurent lieu dans la suite établirent que l'*Union générale* avait été le propre artisan de sa déconfiture, qui était due à de folles imprudences, à des spéculations effrénées et même à des pratiques délictueuses. Mais la légende était née et beaucoup d'esprits superficiels ou prévenus étaient dès lors convaincus que c'était l'or juif et l'influence juive qui avaient précipité la débâcle de l'*Union générale* et causé la détresse de nombreuses familles catholiques. On peut affirmer avec une certitude presque absolue que c'est à l'instant précis où l'*Union générale* a sombré qu'a germé l'idée qui a été le principal levier de la propagande antisémite et qui a consisté à rendre les juifs responsables en bloc de toutes les calamités publiques. Quand ensuite on se fut aperçu par l'exemple de l'Allemagne que les vieux préjugés qui animaient contre les juifs la chrétienté du moyen-âge n'étaient qu'assoupis au fond des cœurs et qu'il était possible de le réveiller au moyen d'excitations énergiques et soutenues, qu'on pouvait rallumer les haines d'autrefois en soufflant sur les cendres mal éteintes où elles couvaient encore, on eut vite fait d'ériger l'idée née d'un événement accidentel en un système général d'attaque et de défense. Dénoncer le juif comme l'ennemi de la prospérité nationale, exagérer sa puissance, lui attribuer tous les pouvoirs afin de lui imputer toutes les fautes, le rendre suspect aux masses populaires pour pouvoir les mieux détourner des principes de liberté dont il est l'incarnation vivante, tel a été le plan de bataille à l'aide duquel le cléricalisme a voulu prendre sa revanche des échecs multipliés qu'il avait subis. Le plan était bien conçu et a été bien près de réussir.

Si l'antisémitisme a fini par exercer de grands ravages en France, on comprend pourtant qu'il n'ait pu s'y implanter du premier coup. Comme pour toute entreprise d'acclimatation, il y a eu une série de tâtonnements et d'essais. Dès le lendemain même de la campagne du pasteur Stoecker, un certain nombre de journaux conservateurs dirigèrent contre les israélites des attaques tout d'abord timides et réservées, mais qui, devant l'indifférence tant du public que des intéressés eux-mêmes, devinrent peu à peu plus violentes. L'antisémitisme naissant voulut en outre avoir ses journaux spéciaux. Il a paru notamment à Paris, en 1883, sous le titre l'*Antisémitique*, une feuille hebdomadaire qui s'était donné pour tâche de couvrir d'invectives les israélites quelque peu en vue. Mais toutes ces tentatives avortèrent. L'esprit public n'était pas encore mûr pour une pareille propagande. Le mouvement antisémite, stationnaire durant plusieurs années, ne prit réellement son essor qu'avec la publication en 1886 de la *France juive* de M. Drumont. On peut dire de M. Drumont que s'il n'a pas été le promoteur de l'antisémitisme français, il en a été le véritable fondateur.

Vous connaissez sans doute ce livre. Le titre même en révélait la pensée dominante. La *France juive*, cela voulait dire que quarante millions de Français étaient gouvernés, tyrannisés et exploités par quatre-vingt mille israélites. Pour étayer cette thèse stupéfiante, M. Drumont imagina un procédé très simple. Tous les événements fâcheux dont le pays avait eu à souffrir, tous les désastres qui l'avaient frappé, tous les scandales dont il s'était ému, M. Drumont en attribua invariablement la cause aux israélites. Il fit preuve à cet égard d'une audace dans l'affirmation véritablement extraordinaire. C'est ainsi qu'il appela la guerre de 1870 « la guerre juive ». C'est ainsi encore qu'il prétendit que la Commune avait eu une « face juive » ; la preuve, c'est « qu'elle n'avait pas incendié une seule des maisons des Rothschild » et « qu'ensuite—résultat autrement important—elle avait fait égorger trente mille Français par des Français ». Comme les accusations portées contre les juifs en général n'auraient pas suffi pour donner au livre le piquant et l'attrait voulus, M. Drumont les releva et les agrémenta d'attaques personnelles dirigées contre une quantité innombrable de juifs en particulier, ce qui était un moyen bien plus sûr d'éveiller la curiosité du lecteur. Tous les israélites qui, dans la presse, dans la politique, dans les fonctions publiques ou dans les affaires, jouissaient à un titre quelconque de la moindre notoriété, ceux même dont les noms avaient été accidentellement prononcés dans un procès ou dans un fait-divers de journal, étaient pris à partie dans la *France juive* de la façon la plus malveillante ; leurs actes les plus simples et même les plus louables étaient travestis et présentés sous un jour odieux ou ridicule. La liste de ces victimes du dénigrement systématique était, pour faciliter les recherches de la malignité publique, réunie dans un index placé à la fin de l'ouvrage, index qui n'a pas été une des moindres causes de son succès et qui a permis plus tard à un magistrat de qualifier le livre de M. Drumont de « Bottin de la diffamation ». Pour figurer du reste sur ces tablettes de la calomnie qui pouvaient devenir des tablettes de proscription, il n'était pas indispensable d'être juif; il suffisait d'avoir un nom à physionomie vaguement hébraïque.

Mais ce qui caractérisait surtout la *France juive*, ce qui en faisait ressortir le véritable but et en décélait les arrière-pensées, c'est qu'elle fut moins un acte d'accusation contre Israël qu'un réquisitoire contre le régime républicain. La République y était plus maltraitée encore que le judaïsme et Gambetta y tenait beaucoup plus de place que M. de Rothschild. Comme au moment où le livre a été écrit, la République était gouvernée par les amis de Gambetta et de Ferry, par ceux qu'on appelait alors les opportunistes, M. Drumont s'est naturellement évertué à créer entre l'opportunisme et les juifs des liens d'étroite solidarité, afin de pouvoir faire rejaillir sur l'un le discrédit dont il espérait couvrir les autres. Tirant parti de ce qu'il y avait parmi les amis et les collaborateurs de Gambetta quelques israélites marquants, tels que Raynal et M. Joseph Reinach, il a représenté les juifs comme ayant totalement asservi l'opportunisme. Vous savez, Mesdames et Messieurs, que plus tard il les accusera de même d'avoir complètement domestiqué le socialisme.

Ce qui prouve qu'en attaquant les juifs il visait principalement le gouvernement de la République, c'est qu'il ménagea intentionnellement tous les partis qui combattaient les hommes alors au pouvoir. Bonapartiste d'origine et de tempérament, il se montre inconsolable, dans son livre, de l'échec des tentatives de restauration de Henri V et attribue cet échec aux juifs, qui, « dès 1873 avaient pris ouvertement la direction du mouvement républicain à Paris ». En même temps, il est plein de tendresse pour les survivants de la Commune. Il s'ingénie de toutes façons à flatter, à séduire et à entraîner les socialistes et les révolutionnaires. Faisant appel aux convoitises de la foule, comme à ses préjugés, il n'hésite pas à lui présenter le pillage comme la fin dernière de l'antisémitisme. « On distribuera tous ces biens mal acquis à tous ceux qui prendront part à la grande lutte qui se prépare, comme on a distribué jadis des terres et des fiefs aux plus courageux ». M. Drumont n'est-il pas dès lors fondé à soutenir que l'antisémitisme se confond avec l'anticapitalisme et que, par conséquent, il tend au même but que le socialisme ? Aussi bien n'est-il pas embarrassé pour signaler aux ouvriers un moyen commode et expéditif de réaliser toutes leurs revendications du premier coup. « Avec cinq ou six milliards comptant, prélevés sur les 80 milliards dont on aurait préalablement dépouillé les juifs, on exproprierait certainement assez d'usines pour permettre aux ouvriers d'expérimenter leurs doctrines sociales ». Ainsi que vous le voyez, tout le plan de campagne qu'on a suivi plus tard pour donner l'assaut à la République et qui a consisté à réunir pour un même combat les partis les plus opposés par leurs doctrines et par leurs traditions, à exploiter à la fois les instincts rétrogrades et les passions révolutionnaires, les plus respectables sentiments de patriotisme ou de piété et les plus vils appétits, se trouve déjà, non seulement ébauché et esquissé, mais tracé et parachevé avec tous ses détails de tactique et de stratégie, dans le volumineux pamphlet de M. Drumont.

La *France juive* eut un succès de librairie considérable, mais ce fut essentiellement un succès de curiosité et de scandale, qui paraissait devoir rester sans lendemain. Il ne semblait pas qu'un livre dont les exagérations étaient criantes et les inexactitudes monstrueuses dût laisser dans les esprits une impression durable. Cependant l'antisémitisme venait de se révéler comme un filon trop fructueux pour pouvoir être abandonné. Quelques journaux de droite et de gauche voulurent tirer profit de la veine que Drumont avait ouverte et les attaques contre les juifs devinrent plus fréquentes, aussi bien dans la presse avancée que dans la presse conservatrice. M. Drumont lui-même s'appliqua à ne pas laisser pâlir sa renommée; il débita son livre en tranches, sous forme de conférences : il organisa des meetings et fut secondé dans cette œuvre de diffusion populaire par un gentilhomme décavé, le marquis de Morès, et un commerçant failli, M. Jules Guérin. Avec le même Jules Guérin, futur héros du fort Chabrol et futur condamné de la Haute-Cour, qui se préparait dès cette époque à devenir l'homme des coups de main de l'antisémitisme, il fonda la *Ligue antisémitique*, qui n'a jamais eu que peu d'adhérents effectifs, mais qui suppléa au nombre par une extrême audace. Il publia, enfin, comme suite à la *France juive*, sous les titres de « la Fin d'un Monde » et de la « dernière Bataille », de nouveaux écrits conçus dans le même esprit. Mais le résultat de tous ces efforts tentés pour renforcer le mouvement et le précipiter ne se fit que lentement sentir. L'antisémitisme ne commença à faire figure et à exercer sur l'opinion une action appréciable que plus tard, en 1889 et 1890. Ce n'est pas que la propagande des premières années demeurât vaine et stérile ; mais noyée en quelque sorte dans la propagande boulangiste, ce n'est pas à l'antisémitisme qu'elle profita tout d'abord, mais au boulangisme.

L'apparition du boulangisme, il convient de ne pas l'oublier, suivit de près celle de l'antisémitisme. Le boulangisme et l'antisémitisme étaient les produits de la même époque troublée. Ils étaient nés l'un et l'autre au moment où la République se trouvait aux prises avec ses premières difficultés, après les dissensions politiques causées par la guerre du Tonkin, après les élections si disputées d'octobre 1885, au lendemain des scandales de l'affaire Wilson, à la veille de ceux du Panama. L'un et l'autre ont cherché à exploiter tous les mécontentements et à les réunir en un faisceau contre la République. Le boulangisme et l'antisémitisme étaient comme deux courants issus presque à la même heure de sources différentes et qui, roulant sur la même pente, finirent par mêler leurs eaux. L'antisémitisme, absorbé d'abord par le boulangisme, semblait disparu ; mais telle une rivière de montagne entre dans le lac à l'état de maigre ruisseau et en sort fleuve impétueux, tel l'antisémitisme, après s'être perdu dans le boulangisme, reparut grossi et renforcé. On se souvient que, grâce à l'influence de M. Naquet sur le général Boulanger, le parti boulangiste, malgré les tendances individuelles de la plupart de ses membres, refusa longtemps de s'associer, officiellement du moins, à la guerre contre les juifs. Cependant, lorsqu'affaibli par de graves échecs électoraux, il dut rechercher le moyen de ressaisir la popularité qui lui échappait, il délibéra sur le point de savoir s'il ne prendrait pas la tête de la campagne antisémitique. Quand enfin, aux élections générales de 1889, il fut définitivement vaincu et qu'après le suicide du général il fut forcé de se dissoudre et de disparaître de la scène politique, ce fut l'antisémitisme qui recueillit son héritage et qui rallia ses troupes débandées. Ce sont les débris de l'état-major boulangiste, les Francis Laur, les Delahaye, les Thiébaut, les Millevoye, les Turquet, qui formèrent les premiers cadres de l'antisémitisme.

Cette évolution du boulangisme en antisémitisme se manifesta pour la première fois à la Chambre des Députés en mars 1889, quand, à l'occasion de l'affaire des cuivres et de la déconfiture du Comptoir d'Escompte, M. Francis Laur dirigea, du haut de la tribune, de virulentes attaques contre les juifs en général et en particulier contre M. de Rothschild, qui venait pourtant, en contribuant pour une large part au salut du marché français, de rendre au pays un service éminent, hautement reconnu à la tribune par le Ministre des Finances, M. Rouvier. Quelques semaines plus tard eurent lieu les élections générales de 1889 qui, ainsi que je viens de le dire, marquèrent la débâcle du boulangisme et où M. Laur lui-même fut battu. Mais en janvier 1890, M. Laur se présenta de nouveau dans une élection partielle, à Neuilly. Au cours de sa campagne électorale, il organisa dans cette ville une réunion publique, qui fut surtout dirigée contre les juifs et qui consomma la transformation du boulangisme en antisémitisme. On y voyait confondus les coryphées des deux partis ; les Laur et les Déroulède y fraternisaient avec les Morès et les Drumont. On s'y livra naturellement contre les juifs aux excitations les plus haineuses, excitations qui, à ce moment-là encore, pouvaient sembler inoffensives, mais qui avaient cela de grave que c'était pour la première fois que l'antisémitisme apparaissait aux comices et arborait son programme de violence et de proscription devant le corps électoral.

L'antisémitisme, de simple secte irrégulière qu'il était, se trouvait ainsi élevé au rang de parti politique ; il eut donc à cœur de s'affirmer désormais comme groupement autonome et il n'hésita plus à produire au grand jour ses revendications, même les plus brutales et les plus audacieuses. Dans les premiers jours de novembre 1891, M. Laur déposa sur le bureau de la Chambre une proposition de loi tendant à l'expulsion de tous les juifs de France. Qu'il se fût trouvé un halluciné ou un cynique pour désigner au bannissement et à la spoliation un grand nombre de ses concitoyens, cela n'avait rien de bien extraordinaire ; de tout temps, on a vu surgir dans les assemblées des motions excentriques. Ce qui était inoui, c'est que la Chambre n'eût pas couvert de huées d'indignation la proposition insensée ou criminelle qu'elle venait d'entendre. Et ce qui était plus stupéfiant encore, c'est qu'il y eut 32 députés pour l'appuyer. Décidément, l'antisémitisme avait fait du chemin et pouvait désormais tout oser.

Encouragés par l'indifférence des partis politiques ou par leur lâcheté, les antisémites redoublèrent d'activité. Ils multiplièrent les réunions, inondèrent le pays d'écrits de toute sorte et envoyèrent des émissaires dans tous les coins de la France. Sous différents titres : « les accapareurs », « les juifs maîtres de la France », Morès, Guérin et d'autres orateurs du parti firent successivement des conférences dans les différents quartiers de Paris et dans plusieurs villes de province, à Lille notamment et à Bordeaux. La conférence de Lille eut cela de caractéristique qu'elle eut lieu devant un auditoire composé presque entièrement de prêtres et de notabilités du catholicisme lillois. C'était la preuve que le cléricalisme n'hésitait plus, pour rétablir ses affaires, à confondre ses intérêts avec ceux de l'antisémitisme. Mais un parti que des adhésions chaque jour plus nombreuses venaient ainsi grossir, qui avait manifestement le vent en poupe et qui se sentait en plein développement, ne pouvait plus se contenter d'instruments de propagande lente et limitée, tels que la conférence et le pamphlet. Pour accélérer le mouvement qu'il avait créé, il lui fallait le puissant et irrésistible outil qui s'appelle un journal. Le 20 avril 1892, M. Drumont fit paraître le premier numéro de la *Libre Parole*.

La *Libre Parole* n'était pas montée comme un autre journal. Comme elle se proposait de jeter la déconsidération sur ses adversaires, les juifs et les judaïsants — les judaïsants, c'étaient tous les républicains —, elle avait besoin, pour pouvoir se livrer à cette besogne tout à son aise, d'intimider ses victimes, de leur inspirer la crainte et la terreur. Elle eut donc une double organisation. A côté de l'équipe des rédacteurs qui avaient mission d'exploiter le scandale de chaque jour et de l'inventer au besoin, elle constitua sous la raison sociale : Morès et ses amis, un groupe d'hommes d'action qui devaient fréquenter les meetings, faire le coup de poing, le cas échéant, et se battre en duel. Ce groupe se composait de M. de Morès, qui était non seulement un joueur ruiné mais aussi un bretteur émérite, du serrurier Vallée, qui suivant le portrait qu'en traçait la *Libre Parole*, « était taillé en Hercule », de Guérin, le commerçant failli, « qui avait pour biceps un énorme morceau de fer », et d'uu certain nombre de bouchers de la Villette. M. Drumont définissait ainsi les services qu'il attendait de ces dignes compagnons : « Quand il y aura de l'électricité dans l'air, Israël verra se dresser un Paris qu'il ne connaît pas, le Paris des Maillotins et des Ligueurs, le Paris de la Saint-Barthélemy ». Ainsi qu'on le voit, on recrutait le personnel de la guerre civile en même temps qu'on se préparait à la déchaîner.

Les débuts de la *Libre Parole* furent sinistres.

Une de ses premières campagnes fut dirigée contre « les officiers juifs dans l'armée ». Depuis quelques années, le nombre de ces officiers avait sensiblement augmenté. Cela prouvait que les israélites, grâce à leur goût héréditaire pour l'étude, réussissaient aisément dans les concours d'admission de l'école St-Cyr et de l'école Polytechnique ; mais cela prouvait également, cela prouvait surtout combien était fausse la légende qui ne leur reconnaissait de vocation et d'aptitude que pour les professions mercantiles. Mais les antisémites n'admettaient pas qu'ils pussent avoir accès dans la carrière noble entre toutes, qui avait été longtemps réservée à certaines castes et demeurait encore leur refuge préféré. La présence d'officiers juifs dans l'armée était le signe le plus éclatant, le plus triomphal de la victoire des principes de la Révolution ; les antisémites et les cléricaux ne pouvaient s'y résigner.

La *Libre Parole* publia, les 23, 24 et 26 mai 1892, trois articles, ayant pour auteur un officier resté inconnu mais signés d'un nommé de Lamaze et où les officiers israélites étaient incriminés de la façon la plus outrageante. On trouve déjà dans ces articles l'abominable esprit de suspicion qui devait engendrer l'affaire Dreyfus. Les officiers juifs y étaient dénoncés en bloc — ils étaient 300 environ — comme « préparant les trahisons futures ». Il y était dit notamment qu'il « existait chez l'énorme majorité des militaires un sentiment de répulsion instinctive contre les fils d'Israël, qu'on reconnaissait en ceux-ci... l'officier qui trafique sans pudeur des secrets de la défense nationale ». Ne semble-t-il pas qu'on ait tracé à l'avance dans ces lignes comme le scénario du terrible drame qui moins de trois ans plus tard devait émouvoir le monde ?

Le 26 mai, un capitaine israélite, Crémieux-Foa, somma M. Drumont de « cesser cette campagne odieuse, faute de quoi il lui demanderait réparation. » Il est permis de supposer que cette mise en demeure était espérée et attendue. Il y fut répondu par une lettre portant solennellement la triple signature — Drumont —, la rédaction de la *Libre Parole* —, Morès et ses amis—et où il était déclaré qu'à tous les délégués que les officiers juifs voudraient désigner, « on opposerait un nombre égal d'épées françaises ». Cette opposition entre les épées juives et les épées françaises était un outrage de plus, qu'aggravait encore la provocation collective de tout le syndicat antisémite.

Un duel eut lieu entre M. Drumont et Crémieux-Foa et se termina par d'insignifiantes blessures. Ce n'était pas le résultat qu'on avait prévu. De cette première rencontre on s'ingénia à en faire sortir d'autres sous les prétextes les plus futiles ou les plus subtils. « Que nous ayons un bon cadavre de juif, dit publiquement Jules Guérin, et vous verrez toute la France en l'air ». Ce franc propos, qu'un document judiciaire a enregistré, éclaire d'un jour bien vif les dessous de cette triste histoire.

Après s'être battu avec M. Drumont, Crémieux-Foa, provoqué de nouveau, se battit avec M. de Lamaze et devait se battre encore avec chacun des deux témoins de M. de Lamaze, Morès et Jules Guérin, lorsque, sur l'ordre formel de ses chefs, il dut rejoindre d'urgence son régiment. Mais sur ces entrefaites, un autre officier juif, le capitaine Mayer, instructeur à l'Ecole polytechnique, qui avait été un des témoins de Crémieux-Foa, fut à son tour provoqué par Morès. Il s'ensuivit une nouvelle rencontre qui celle-là eut une issue fatale. Le capitaine Mayer, mortellement blessé par Morès, expira le même jour. Il avait 34 ans et passait pour avoir devant lui le plus brillant avenir.

Ce tragique événement produisit une émotion profonde. Il y eut une véritable révolte de la conscience publique contre les détestables excitations qui en avaient été la cause. Un peuple immense assista aux obsèques du malheureux capitaine. L'incident fut porté devant la chambre et une question fut posée au ministre de la guerre, M. de Freycinet. Le ministre flétrit en termes énergiques « les appels aux préjugés de caste et aux passions d'un autre âge ». Il proclama que l'armée ne connaissait pas les distinctions d'origine. « Si, disait-il, l'excitation à la haine mutuelle des citoyens est une chose mauvaise, l'excitation à la division entre officiers de l'armée est un crime national ». Un ordre du jour conforme à ces belles paroles fut voté par l'assemblée à l'unanimité. A ce moment, l'antisémitisme, objet de la réprobation universelle, semblait définitivement condamné. La *Libre Parole*, elle-même, jugea prudent de ne pas heurter le sentiment public et arrêta la campagne contre les officiers juifs. Elle ne devait avoir que trop tôt, hélas ! l'occasion de la reprendre avec des risques moindres et avec plus de succès.

Forcée d'abandonner momentanément la lutte sur le terrain militaire et patriotique, la *Libre Parole* la transporta sur le terrain économique et social. Ce n'est plus contre le juif soldat, c'est contre le juif homme d'affaires, négociant, banquier ou industriel, qu'elle dirigea ses coups. Elle s'éleva contre les fortunes juives, le luxe juif, l'arrogance juive, contre l'action corruptrice et démoralisante de l'or juif. Elle reprocha aux juifs d'accaparer le commerce et de monopoliser la finance. Ces accusations trouvèrent d'autant plus aisément créance dans l'opinion que même les esprits les moins prévenus attribuent volontiers aux israélites des aptitudes particulières pour le négoce. Ils expliquent cette supériorité, si c'est une supériorité, par le passé d'Israël qui, exclu pendant des siècles de toutes les carrières et même de tous les métiers manuels, condamné à ne pratiquer que le commerce, a acquis forcément, pour les affaires, des dispositions devenues à la longue héréditaires ; mais ils l'admettent comme un fait indéniable et sont naturellement portés à l'exagérer. Si l'on examine pourtant les choses de près, on constate aisément que ces facultés en quelque sorte innées et ataviques s'affaiblissent de jour en jour, précisément parce que la cause qui les a fait naître a disparu, et que le goût du juif pour le commerce et la spéculation est bien moins exclusif depuis qu'il n'est plus acculé au négoce et que d'autres sphères se sont ouvertes à son activité. En tout cas, si la place qu'il occupe dans le monde commercial et industriel reste importante, elle n'a rien qui ressemble à une primauté, rien surtout qui permette de parler de monopole et d'accaparement. Ce ne sont pas les juifs qui ont inventé ces grands magasins qui sont peut-être le phénomène le plus caracteristique de la situation économique des temps présents, qui constituent, eux, une véritable féodalité commerciale, qui ont attiré peu à peu toute la clientèle de détail et entraîné la ruine du petit commerce. C'est au juif cependant que le petit boutiquier s'en est pris de ses déceptions et de ses embarras, et le ressentiment qu'il lui a voué n'a pas été un des moindres éléments du succès que la propagande antisémite a obtenu dans notre pays.

Je crois nécessaire d'ajouter que la prépondérance des juifs n'existe pas plus dans le domaine financier que dans le domaine commercial. La grande et célèbre maison de banque qui a servi et sert encore de cheval de bataille aux polémiques de la *Libre Parole* est bien loin d'avoir aujourd'hui l'influence prédominante qu'on lui prêtait il y a un demi-siècle et il est surtout faux de dire qu'elle soit la maîtresse du marché. En dehors de cette maison, la haute banque est presque tout entière entre des mains chrétiennes. Les grandes sociétés de crédit qui se sont établies depuis cinquante ans, qui sont, comme on l'a dit récemment à la tribune de la Chambre, comme les grands magasins de la finance, qui ont des comptoirs dans tous les quartiers de Paris et dans toutes les villes de province, qui ont vu s'accumuler dans leurs dépôts la plus grosse part de l'épargne nationale et possèdent de ce chef une incomparable puissance de placement et d'émission, ont été créées en dehors des banquiers juifs et même contre eux. Cela n'empêchait pas la *Libre Parole* de dénoncer les juifs comme les souverains dispensateurs du crédit public et de les rendre à ce titre responsables de toutes les crises économiques et de toutes les commotions financières dont le contre-coup pouvait atteindre les fortunes particulières. Que dans n'importe quelle région de la France, même là où il n'y avait jamais eu de juifs, une grosse faillite vînt à éclater ou qu'une industrie vînt à y sombrer en entraînant le chômage d'un nombre plus ou moins considérable d'ouvriers, et immédiatement on faisait remonter à la spéculation juive la cause première du désastre. Ce procédé de dénigrement collectif a été appliqué avec une virtuosité et une maëstria particulièrement remarquables, lorsque la catastrophe du Panama s'est produite avec son cortège de ruines et de scandales, avec sa suite maintes fois renouvelée de poursuites judiciaires et d'enquêtes parlementaires.

L'entreprise du Panama n'avait été à aucun titre et à aucun degré une affaire juive, si tant est qu'il y ait jamais eu d'affaires juives. Ce n'étaient pas les juifs qui l'avaient fondée ni qui l'avaient dirigée soit au point de vue industriel, soit au point de vue financier; nul d'entre eux n'avait eu la moindre part dans les erreurs ou dans les folies qui l'ont conduite à sa perte. Tout ce qui est vrai dans les allégations qui ont été émises à cet égard, c'est qu'un petit nombre de juifs ou d'anciens juifs ont joué un rôle plus ou moins important dans les négociations engagées par la Compagnie du Panama, soit pour faire autoriser par le parlement son dernier emprunt, soit pour le faire réussir auprès du public. Ce rôle, on peut en discuter la légitimité et même la moralité. Ce qui est hors de doute, c'est qu'il a été purement accessoire, qu'il n'a modifié en rien le fond des choses et n'a contribué en aucune façon à amener ou à hâter le résultat final. Il a suffi pourtant pour motiver et alimenter une longue et perfide campagne, qui avait pour objet de faire du juif le bouc émissaire de toutes les défaillances morales révélées par l'affaire du Panama, en le représentant comme ayant voulu à la fois ruiner et corrompre le pays. Dans cette campagne, les antisémites et les socialistes ont marché d'accord, cherchant les uns à discréditer le régime républicain et parlementaire, les autres à atteindre le capitalisme. Les socialistes rompront plus tard cette alliance, quand, éclairés par les événements, ils se seront aperçus qu'en s'attaquant à une minorité religieuse, ils faisaient le jeu des éternels ennemis de la Révolution, et ce changement d'attitude de leur part exercera sur la situation politique du pays une influence aussi heureuse que décisive. Mais à l'époque dont je parle, les socialistes tenaient le même langage que les antisémites et faisaient la même besogne. Au Parlement, où l'affaire du Panama ne cessait d'être à l'ordre du jour, MM. Rouanet et Viviani poursuivaient la tâche commencée par M. Delahaye et, dans la presse, les articles publiés par les journaux socialistes et révolutionnaires contre les juifs n'étaient guère moins injustes ni moins violents que ceux de la *Libre Parole* et de l'*Autorité*. C'est ainsi que l'opinion publique, attaquée de deux côtés à la fois, prise en même temps par ses deux extrémités, fut entretenue, pendant les trois années qui précédèrent l'affaire Dreyfus, dans un esprit de défiance, de suspicion et de haine, qui, en éteignant chez elle tout discernement et tout sens critique, devait la laisser sans défense contre le sophisme et le mensonge. C'est ainsi qu'on parvint à créer dans ce pays cette atmosphère troublée et viciée où la saine raison a failli périr et où l'affaire Dreyfus devait fatalement éclore.

A partir du moment où nous sommes arrivés, l'histoire de l'antisémitisme se confond avec l'histoire de l'affaire Dreyfus, que je ne referai pas devant vous, car elle est restée vivante dans vos souvenirs. A concevoir l'affaire Dreyfus comme autre chose qu'un crime de l'antisémitisme, on ne la comprendrait même pas. Si Dreyfus a pu être, je ne dirai pas seulement condamné, mais simplement poursuivi, si les charges relevées contre lui ne se sont pas, faute d'avoir été soumises à une vérification tant soit peu sérieuse, évanouies dès la première heure, c'est que les préjugés de religion et de race avaient frappé les promoteurs de son procès d'une véritable cécité intellectuelle. Et si plus tard, lorsque son innocence eut éclaté, l'évidence a été mise en doute, c'est que l'antisémitisme ne voulait pas lâcher sa proie ni se laisser enlever l'inépuisable mine de déclamations patriotiques qui assurait son ascendant sur la foule abusée. En réalité, le véritable accusé, ce n'était pas le capitaine Dreyfus, ce n'était même pas le juif Dreyfus, c'était le juif en général, tel que la légende l'a dépeint, le juif du moyen-âge, qu'on croyait mort depuis la Révolution et que l'antisémitisme a fait revivre dans l'imagination populaire, le juif déicide, profanateur d'hosties et empoisonneur de fontaines, capable de tous les forfaits et de toutes les trahisons, le juif qu'il suffit d'accuser pour le faire condamner, qui n'est jamais innocent, qui ne peut pas être innocent, qui n'a pas le droit d'être innocent ! Dreyfus a été un symbole et c'est là ce qui explique sa déconcertante aventure. Il fut moins la victime d'une erreur judiciaire que des égarements de toute une époque.

De là vient précisément que l'erreur judiciaire a été si longue et si difficile à réparer. C'est vainement qu'on accumulait les preuves les plus décisives de l'innocence du condamné. Tant que l'esprit du pays subissait le vertige dont l'antisémitisme l'avait frappé, tant qu'il restait en proie aux passions haineuses qui avaient troublé sa vision et perverti son jugement, le jour de la vérité et de la justice ne pouvait pas venir.

Pourquoi la première revision de l'Affaire en 1899 s'accomplit-elle au milieu de l'agitation la plus violente et souleva-t-elle de telles résistances qu'elle put être mise en échec par une condamnation nouvelle ? Et pourquoi au contraire la réhabilitation définitive de Dreyfus en 1906 put-elle être prononcée dans le calme le plus complet et fut-elle accueillie dans le pays par un concert d'applaudissements que les récriminations de quelques énergumènes n'ont pas pu troubler ? S'était-il donc produit dans l'intervalle une révélation imprévue et foudroyante sous laquelle l'accusation s'était subitement écroulée ? Pas le moins du monde. Tout ce qu'on a su de l'Affaire en 1906, on le savait déjà, à peu de chose près, en 1899. Non, ce n'était pas l'Affaire dont la physionomie avait changé d'une révision à l'autre. C'était la mentalité du pays qui s'était modifiée : c'était la conscience publique qui s'était retrouvée.

Comment s'est opéré ce revirement des esprits ? Quels sont les faits qui l'ont amené et les causes qui l'ont déterminé ? Comment, après avoir atteint son apogée avec l'affaire Dreyfus, est-ce précisément de l'Affaire Dreyfus que l'antisémitisme a fini par mourir ? Ce sont là, Mesdames et Messieurs, des questions que je ne saurais examiner, ni même aborder aujourd'hui, car elles sont en dehors du programme nécessairement limité que j'ai dû me tracer, mais dont je tiens néanmoins à vous dire un mot, pour terminer cet entretien.

La décadence de l'antisémitisme a commencé lorsque, sous la lumière des événements, son véritable caractère et son véritable but eurent apparu aux regards du pays. Pendant longtemps, le pays, et même le pays républicain, n'avait pas compris que l'antisémitisme n'était que le masque dont s'était affublé le cléricalisme discrédité et que ce qui se dissimulait derrière la guerre aux juifs, c'était la guerre à la République. Mais grâce aux leçons qui s'étaient dégagées de l'affaire Dreyfus, grâce aussi aux salutaires avertissements qui résultaient de certains incidents particulièrement significatifs et graves, tels que la rébellion du fort Chabrol et l'échauffourée de la caserne de Reuilly, les yeux du pays se sont dessillés et il a vu clairement que l'antisémitisme ne menaçait pas seulement une minorité confessionnelle, mais qu'il mettait en péril toutes les conquêtes de la France moderne.

Et à partir du jour où ce danger trop longtemps méconnu fut aperçu, le parti républicain est revenu à ses principes et à ses traditions, dont l'antisémitisme était la négation directe. Il a reconnu que la cause de la liberté de conscience, que les juifs avaient à la fois l'honneur et le malheur d'incarner, ne saurait se séparer de la cause générale de la Révolution française. Et la lutte n'a plus été entre l'antisémitisme et les juifs, mais entre l'antisémitisme et les idées de la Révolution. Il était dès lors inévitable, il était dans la force des choses, que l'antisémitisme fût vaincu et refoulé.

ADRIEN MARÉCHAL. — PARIS (TÉL. 438-88).

www.ingramcontent.com/pod-product-compliance
Ingram Content Group UK Ltd.
Pitfield, Milton Keynes, MK11 3LW, UK
UKHW022143260726
13993UKWH00005B/2127

9 782329 426563